T0141633

La Revolución estadounidense

Christi E. Parker, M. A. Ed.

Índice

¿Qué es la Revolución estadounidense?

Los habitantes de las 13 colonias originales no tenían muchas armas. Pero tenían muchas razones para librar una guerra. Gran Bretaña los gobernaba de manera injusta. Querían la libertad de gobernarse a sí mismos. Para ser libres, sabían que tendrían que pelear.

Los colonos fueron a la batalla y ganaron la guerra de la Independencia. Esta guerra cambió la vida de todos. Se formó un nuevo país, con un nuevo tipo de **gobierno**.

▼ La Revolución estadounidense se peleó para ganar control de las colonias británicas de América del Norte.

▼ Batalla de Boston durante la Revolución

¿Por qué comenzó la guerra?

Antes de la Revolución estadounidense, Gran Bretaña peleó en la guerra franco-india. Los colonos ayudaron a los británicos en la lucha. Esperaban que el rey les otorgara más tierras en América del Norte. Sin embargo, Gran Bretaña les dio las tierras a los indígenas norteamericanos. Esto enojó a los colonos.

Luego, el rey Jorge III envió soldados a las colonias. El rey les cobró impuestos a los colonos para pagarles a los soldados. Los colonos consideraban que no debían pagar impuestos.

◄ Timbre de impuestos británico

Rey Jorge III

El primero en morir

Los soldados británicos de la masacre de Boston le dispararon a Crispus Attucks. Attucks era un esclavo fugitivo.

Los colonos no tenían **representación** en el **Parlamento** británico. El Parlamento era la parte del gobierno británico en la que se aprobaban las leyes.

El Parlamento cobraba impuestos sobre los sellos, el azúcar y demás mercancías. Algunos colonos **protestaron** en contra de estos impuestos. En Boston, una muchedumbre enojada se **burló** de un grupo de soldados británicos. Entonces, los soldados dispararon contra la muchedumbre. Cinco colonos murieron. Los colonos llamaron a este ataque la "masacre de Boston".

Propaganda

Paul Revere hizo un dibujo de la masacre de Boston. Pero no era un dibujo preciso. Mostraba a los británicos disparando contra muchos colonos. No mostraba lo que habían hecho los colonos para que los británicos dispararan.

Más problemas

Gran Bretaña promulgó la ley del té. Era una ley que gravaba el té. Un grupo de colonos se vistió como los indígenas norteamericanos y se dirigió al puerto de Boston. Arrojaron al agua el té de tres barcos. Este acto se conoció como el motín del té.

El rey Jorge III castigó a los colonos cerrando el puerto de Boston. Los colonos tuvieron que pagar por el té arruinado. El rey Jorge envió barcos de guerra al puerto de Boston. Los colonos se vieron obligados a dar asilo a los soldados británicos. A los colonos realmente no les gustaban esas "leyes intolerables".

Motines del té en todas partes

Boston no fue la única ciudad en la que hubo un motín. Los colonos en Nueva York y Annapolis, Maryland, también lanzaron té al agua para demostrar su enojo por los nuevos impuestos.

Los colonos realizaron un **Congreso Continental** en Filadelfia. Este Congreso envió una carta al rey Jorge III para protestar contra las leyes intolerables. El Congreso Continental solicitó a los colonos que hicieran un **boicot** contra las mercancías británicas y se prepararan para pelear.

▼ Volante que impulsaba el boicot a las mercancías británicas

[January, 1770]
2/773(31)

WILLIAM JACKSON,
an *IMPORTER*; at the
BRAZEN HEAD,
North Side of the TOWN-HOUSE,
and Opposite the Town-Pump, in
Corn-hill, BOSTON.

It is desired that the Sons and DAUGHTERS of *LIBERTY*, would not buy any one thing of him, for in so doing they will bring Disgrace upon *themselves*, and their *Posterity*, for *ever* and *ever*, AMEN.

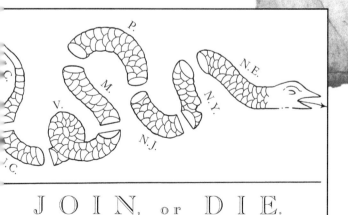

JOIN, or DIE.

Unir las colonias

Al igual que la serpiente de este dibujo, los colonos necesitaban unirse para sobrevivir.

Camino a la batalla

El general británico Thomas Gage fue enviado a Boston a localizar todas las armas y los suministros de los colonos. Paul Revere y los **Hijos de la Libertad** estaban listos. Subían a sus caballos para advertir a los colonos que los británicos estaban llegando. Los colonos, llamados **hombres del minuto**, estaban listos para luchar en cuanto recibieran la advertencia.

Los soldados británicos y la **milicia** colonial se encontraron en Lexington, Massachusetts. Nadie sabe quién hizo el primer disparo. Ocho colonos murieron y solo un soldado británico resultó herido. Esto se conoció como "el disparo que se escuchó en todo el mundo" porque esta batalla inició la Revolución estadounidense.

▼ La famosa cabalgata de Paul Revere

Advertir al resto

Paul Revere y los Hijos de la Libertad utilizaron la Vieja Iglesia del Norte para advertir a otros patriotas acerca de los británicos. Se colgaron faroles en la iglesia. Cuando los patriotas vieron las luces intermitentes, supieron hacia dónde se dirigían los británicos.

George Washington fue nombrado **comandante** del **Ejército Continental**. Su primera tarea fue sacar al ejército británico de Boston. Su ejército rodeó Boston y obligó a los soldados británicos a trasladarse a Canadá.

▼ Mapa de la región alrededor de Boston

Apodos

Los colonos se burlaban de los británicos llamándolos "espaldas de langosta". El nombre se debía a que sus casacas eran rojas.

▼ Lucha en la batalla de Lexington

9

Batallas importantes

▲ El ejército de Washington cruza el río Delaware el 25 de diciembre de 1776.

El día de Navidad de 1776, Washington ideó una gran estrategia para tomar por sorpresa a los **casacas rojas**. Los británicos habían desplazado su ejército de Nueva York a Pensilvania. El general Washington preparó sus 2,500 soldados para que cruzaran el río Delaware durante la noche. Los británicos no los esperaban. El ejército de Washington llegó a Trenton, Nueva Jersey. Rápidamente, tomaron la ciudad.

La mayoría de la gente cree que la batalla de Saratoga fue el

▲ La rendición del general Burgoyne en Saratoga

punto decisivo de la guerra. El general John Burgoyne, un general británico, quería tomar Albany, Nueva York. Cruzó el lago Champlain y viajó río abajo por el Hudson. Se enfrentó con los soldados coloniales en Saratoga, Nueva York. Los británicos perdieron la batalla tras pelear durante un mes.

Esta importante victoria del ejército colonial le demostró a Francia que los colonos podían ganar la guerra. Francia decidió ayudar a los colonos. Entonces, Francia comenzó a enviar dinero y soldados al Ejército Continental.

▼ Soldados en Valley Forge

Recuperar fuerzas

George Washington y sus hombres estaban muy cansados durante el invierno de 1777 a 1778. Pasaron el invierno en Valley Forge. Era un lugar muy frío y no recibieron mucha comida hasta principios de la primavera. Por fin, recuperaron fuerzas y estuvieron listos para volver a pelear.

Victoria en la guerra

Los colonos no tenían una marina muy fuerte. Solo tenían barcos privados para pelear contra Gran Bretaña. Francia envió barcos para ayudar a los colonos a pelear en el mar.

John Paul Jones fue el comandante estadounidense en el mar. Capturó muchos **barcos mercantes**. ¡Incluso tomó un barco británico mientras su propio barco se hundía!

▼ Batallas en el mar durante la Revolución

▲ Fuerzas coloniales y francesas en la batalla de Yorktown

El primer submarino

Los colonos intentaron luchar en el mar con uno de los primeros submarinos. El submarino "Tortuga" estaba hecho de madera. Su tarea era tomar una bomba y adherirla a un barco británico. El plan no funcionó porque los británicos vieron el submarino.

La última gran batalla de la guerra fue en Yorktown, Virginia. Tuvo lugar el 11 de octubre de 1781. El general George Washington trabajó con los franceses para crear una trampa para el general británico Charles Cornwallis. Los colonos y los franceses prepararon un **bloqueo** en Yorktown. Cornwallis no pudo recibir suministros. Se **rindió** junto a sus ejércitos y la guerra terminó.

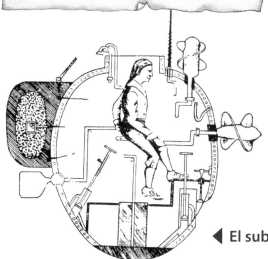

◄ El submarino Tortuga

Espías en busca de información

Tanto los colonos como los británicos tenían espías. Estos espías ocultaban mensajes secretos. Arriesgaban la vida si los atrapaban.

Deborah Champion fue una espía colonial. Pasaba desapercibida entre los soldados británicos porque no creían que una joven pudiera ser peligrosa. Deborah escuchaba todo lo que decían. Luego, le daba la información al general George Washington.

▼ **Nathan Hale es interrogado por los británicos.**

Espiar a cualquier precio

Nathan Hale fue un espía de los colonos. Lo atraparon mientras intentaba abandonar Nueva York. Los británicos lo enviaron al patíbulo, donde lo ejecutaron.

Benedict Arnold también fue un espía. Era un soldado colonial, pero se enojó cuando no lo ascendieron. Decidió convertirse en espía para los británicos. Los británicos le daban dinero para que les contara información secreta. Cuando los colonos lo descubrieron, huyó a Londres con su familia.

Benedict Arnold

¿Amigo o enemigo?

Rachel Revere escribió una carta a su esposo, Paul Revere, después de su famosa cabalgata. Le dio la carta y algo de dinero a un amigo. Se suponía que este le entregaría la carta a su esposo. Pero, su "amigo" era en realidad un espía. Llevó la carta directamente a los británicos.

▼ La carta de Rachel Revere

my Dear by ~~Capt Edwich~~ I send a hundred & twenty five pain and beg you will take the best care of yourself and not attempt coming in to this town again and if I have an opportunity of coming or sending out any thing or any of the Children I shall do it pray ~~will~~ keep up your spirits and trust your self and us in the hands of a good god who will take care of us tis all my Dependance for vain is the help of man Adieu my

Love from your affectionate RRevere

Los hacedores de la Revolución

Paul Revere fue un patriota y un miembro de los Hijos de la Libertad. Este grupo protestaba contra los impuestos y las acciones del rey Jorge III. Revere advirtió a los hombres del minuto que los británicos venían en camino. Aunque los británicos lo capturaron, más tarde fue liberado.

George Washington fue el comandante del Ejército Continental. Solo ganó tres batallas importantes, pero esas batallas cambiaron la guerra. Luego, se convirtió en el primer presidente de Estados Unidos.

¿Será usted rey?

A la gente le gustaba tanto George Washington que querían que fuera el rey de Estados Unidos. Él dijo: "¡No! ¡Hemos tenido suficientes reyes!".

Molly Pitchers

Las mujeres ayudaban a los soldados llevándoles agua durante la batalla. Recibieron el apodo de "Molly Pitcher" por los cántaros que cargaban. Una mujer incluso ocupó el lugar de su esposo en la batalla después de que este resultó herido.

El general Charles Cornwallis combatió para los británicos. Cornwallis fue puesto a cargo del Sur tras tomar la ciudad de Charleston. Su ejército se rindió ante Washington después de perder la batalla de Yorktown.

General Cornwallis

El marqués de Lafayette era francés. No estaba de acuerdo con Gran Bretaña ni con la forma en que gobernaba las colonias. Compró su propio barco y viajó a Estados Unidos. Combatió con los colonos sin recibir dinero a cambio. Lafayette ayudó a Washington a ganar la batalla de Yorktown. También convenció a los franceses de que ayudaran a los colonos en la guerra.

Marqués de Lafayette

▼ Washington con algunos de los oficiales del Ejército Colonial

Personas únicas durante la guerra

Un esclavo llamado Prince Estabrook fue el único hombre de color que combatió en Lexington. A la mayoría de las personas de color no se les permitió unirse al Ejército Continental. A los colonos les preocupaba que los **esclavos** utilizaran las armas para pelear por su propia libertad. Más tarde durante la guerra, el gobierno comenzó a permitir a los esclavos pelear contra los británicos. Muchas personas de color también pelearon con los británicos. Los británicos les prometieron la libertad después de la guerra.

Thomas Paine

Un libro para unir

Thomas Paine fue un patriota que ayudó a unir a los colono Escribió un libro llamado *El sentido común*. El libro decía que Estados Unidos necesitab su propio gobierno. Quería u gobierno que pudiera servirle al pueblo.

Los indígenas norteamericanos fueron, con frecuencia, leales a Gran Bretaña. Les preocupaba que los colonos tomaran sus tierras después de la guerra. El jefe Joseph Brant dirigió los ataques iroqueses para los británicos en el área de Nueva York. Los colonos lo llamaban "El Monstruo Brant".

Por su parte, la tribu oneida combatió con los colonos. Ayudó a los colonos en la batalla de Saratoga. Esta batalla se considera crucial para la guerra.

Generales británicos

Los generales Charles Cornwallis y Thomas Gage combatieron para los británicos. Sin embargo, ambos eran muy distintos. El general Cornwallis no estaba de acuerdo con el modo en que el rey trataba a los colonos, mientras que el general Gage ayudaba a hacer cumplir las leyes intolerables.

Jefe Joseph Brant

Thomas Gage

Paz al fin

Después de la guerra, se escribió un **tratado** entre Gran Bretaña y los colonos. El Tratado de París se firmó en Francia el 3 de septiembre de 1783. Benjamin Franklin, John Jay y John Adams ayudaron a liderar las conversaciones en nombre de los estadounidenses.

El tratado establecía que Gran Bretaña debía aceptar a Estados Unidos como un país autónomo. Gran Bretaña le dio a Estados Unidos tierras desde el océano Atlántico hasta el río Misisipi. Estados Unidos se extendía de norte a sur desde Canadá hasta Florida.

Los ingleses debían retirar todas sus tropas de Estados Unidos. Sin embargo, Gran Bretaña podía mantener el control de la región francesa de Canadá. El gobierno estadounidense tuvo que devolver todas las tierras tomadas durante la guerra a los **lealistas** británicos. A Gran Bretaña se le permitió seguir usando el río Misisipi.

▼ La firma del Tratado de París

Mantener lejos a los franceses

Benjamin Franklin, John Adams y John Jay tenían la orden de permitir a los franceses participar en las reuniones de París. A los tres hombres les preocupaba que los franceses creyeran que los colonos eran débiles y necesitaban de ellos. Entonces, comenzaron las conversaciones de paz sin la ayuda francesa.

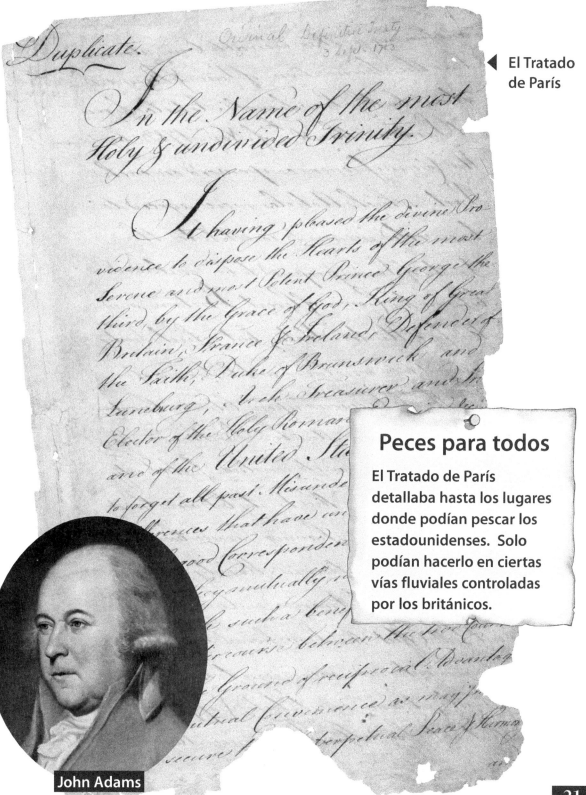

El Tratado de París

Peces para todos

El Tratado de París detallaba hasta los lugares donde podían pescar los estadounidenses. Solo podían hacerlo en ciertas vías fluviales controladas por los británicos.

John Adams

Después de la guerra

Aunque los colonos ganaron la guerra, la vida en el nuevo país no era fácil. Muchos soldados volvieron a sus hogares después de la guerra y no tenían trabajo ni dinero.

Los líderes de Estados Unidos debían decidir cómo iban a conformar el nuevo país. Con la creación de nuevas leyes, surgieron nuevos problemas. A algunos agricultores les preocupaban las leyes que se estaban creando. Algunas leyes

▼ La marcha de la victoria de Washington a través de la ciudad de Nueva York

Un nuevo presidente

Las personas sabían que querían a George Washington como su nuevo presidente. Pero asumió su cargo ocho años después de la guerra.

sobre la votación significaban que las personas pobres como los agricultores no podían ayudar a tomar decisiones importantes.

Los agricultores también estaban enfadados por lo que se les pagaba a los líderes gubernamentales. Daniel Shay fue un oficial militar durante la guerra. Después de la guerra, dirigió las **rebeliones** de los agricultores descontentos. Quería cambiar las leyes injustas. Estas acciones se conocieron como la rebelión de Shay. Desde ese momento, los nuevos estadounidenses ya se aseguraban de que su país fuera justo para todos.

¿Qué le pasó a Shay?

Daniel Shay y los otros rebeldes fueron capturados y sentenciados a muerte. Los tribunales dijeron que no eran leales al gobierno. Más tarde, fueron liberados.

▼ El fin de la rebelión de Shay

Glosario

barcos mercantes: barcos que se usan para intercambiar o vender mercancías

bloqueo: una forma de bloquear al enemigo para que no pueda entrar ni salir

boicot: negarse a comprar o vender mercancías

burló: molestó, bromeó

casacas rojas: un apodo dado a los soldados británicos durante la Revolución estadounidense

comandante: una persona a cargo de un grupo

Congreso Continental: la primera reunión del gobierno de Estados Unidos

Ejército Continental: colonos que lucharon en la Revolución estadounidense

esclavos: personas que eran compradas por otras personas y no tenían derechos personales

gobierno: un grupo de líderes que gobierna un país y crea las leyes

Hijos de la Libertad: un grupo iniciado por Samuel Adams para protestar contra las acciones del rey Jorge

hombres del minuto: personas en la guerra que estaban preparadas para combatir en cuestión de minutos

lealistas: personas de las colonias que eran leales al rey de Inglaterra durante la guerra

milicia: soldados que combaten solo en caso de emergencia

Parlamento: el gobierno de Gran Bretaña

patíbulo: un lugar en el que se cuelga a las personas

patriotas: personas que pelearon para las colonias durante la Revolución estadounidense

protestaron: objetaron o pelearon contra algo

rebeliones: acciones para demostrar el enojo o los pensamientos de alguien

representación: representar a una persona o un grupo de personas

rindió: abandonó

tratado: un acuerdo entre países